Ernst Kuhn

Die Aussprache

Ernst Kuhn

Die Aussprache

ISBN/EAN: 9783744638296

Hergestellt in Europa, USA, Kanada, Australien, Japan

Cover: Foto ©Andreas Hilbeck / pixelio.de

Weitere Bücher finden Sie auf **www.hansebooks.com**

Die Aussprache.

Einige Abschnitte aus der Lehre vom Lesevortrag.

Von

Dr. Ernst Kuhn,

Stadtschulinspektor zu Berlin.

Berlin 1885.

Verlag von F. Berggold.

Inhaltsverzeichnis.

Nationale Schriftsprache und Mundart.

———

Max von Schenkendorf ruft in seinem Liede:
„Die Muttersprache" mit inniger Bewunderung aus:

> „Muttersprache, Mutterlaut,
> Wie so wonnesam, so traut!"
>
> „Sprache, schön und wunderbar,
> Ach, wie klingest du so klar!"
>
> „Klinge, klinge fort und fort,
> Heldensprache, Liebeswort!"

Herzlich froh stimmt jeder echte Deutsche in Schenkendorfs Ausruf mit ein, gleich viel, in welchem Teile Deutschlands seine Wiege stand, gleich viel, in welcher Mundart „der Muttermund" die ersten Liebesworte seiner erwachenden Seele kundgab. Für viele Tausende von Deutschen bleibt freilich die Mundart ihrer Kindheit die eigentliche Muttersprache, von der sie sagen: „Aber soll ich beten, danken, — Geb' ich meine Liebe kund, — Meine seligsten Gedanken, — Sprech' ich wie der Mutter Mund." Und doch hat der, alle Stämme mächtig umarmende Lebensgeist des deutschen Volkes eine Sprache erzeugt, welche auch

die an die Scholle gebannten Kinder der verschieden-
sten Stämme verstehen, obwohl sie selbst nicht gern
ihre „seligsten Gedanken" darin äufsern. Die deutsche
Schriftsprache in ihrem Stämme beherrschenden Adel
ist die ideale Muttersprache jedes Deutschen, die
Sprache, in der die würdigsten Gedankenschöpfungen
unseres Volksgeistes sich vollzogen haben und voll-
ziehen, die Sprache, in der jeder öffentliche feierliche
Gefühlsaustausch stattfindet, die Sprache, in welcher
du zu jeder religiösen oder weltlichen Festversammlung
von Deutschen reden mufst.

Jeder Leser, welcher es unternimmt, irgend ein
Produkt, das in dieser unserer herrlichen nationalen
Schriftsprache abgefafst ist, anderen zu Gehör zu
bringen, erwäge darum wieder und immer wieder
Schenkendorfs Gelübde: „Sprache, schön und wun-
derbar, — Ach, wie klingest du so klar! — Will
noch tiefer mich vertiefen — In den Reichtum,
in die Pracht; — Ist mir's doch, als ob mich riefen
— Väter aus des Grabes Nacht."

Von Johann Peter Hebel bis auf Fritz Reuter
sind neben unserer unübersehbar reichen National-
litteratur sehr lebenskräftige, erfrischende Leistungen
auch der mundartlichen Litteratur zu Tage getreten.
Gleichwohl wird niemand behaupten wollen, dafs
irgend eine unsrer landschaftlichen Mundarten dazu
berufen sei, die allgemeine Schriftsprache im öffent-
lichen oder im wissenschaftlichen Verkehre, auf dem
Gebiete der epischen, der dramatischen oder auch
nur der lyrischen Dichtung abzulösen. Somit bleibt
es eine nationale Pflicht jedes Deutschen, welcher

Schriftwerke, die in der allgemeinen hochdeutschen Schriftsprache verfafst sind, vor kundigen Ohren lesen, oder der in dieser Schriftsprache zu uns in bedeutungsvoller Weise reden will, vor allem diejenige Aussprache sich zu eigen zu machen, welche dem allgemeinen Charakter der Schriftsprache angemessen ist. Mit anderen Worten heifst das: beim mündlichen Gebrauche der Schriftsprache hast du deine dialektischen Eigentümlichkeiten entschieden zu unterdrücken, sofern sie dem Genius der Schriftsprache widersprechen.

Nehmen wir einmal an, ein norddeutscher Vorleser, der nie oberdeutsche Mundarten, wie das Schwäbische, das Fränkische, das Tirolische, das Österreichische, von geborenen Oberdeutschen hätte sprechen hören, machte sich anheischig, Hebels „Allemannische Gedichte" im Original oder bayerische und Tiroler Volkslieder oder Wiener Dialektstücke öffentlich vorzutragen: würden nicht alle kundigen Hörer das unüberlegte Unternehmen belächeln oder als stümperhaft verurteilen? Stellen wir uns einen anderen Leser vor, dessen Zunge nie einen niederdeutschen Dialekt erlernt hätte, und der es wagte, Gedichte aus Klaus Groths „Quickborn", Partien aus Reuters Werken im Original oder Berliner Dialektstücke öffentlich zu lesen: würden nicht die Hörer, welche das Eigentümliche der platten Mundarten kennen, auch von ihm achselzuckend und unwillig sich abwenden? Was folgt hieraus? Nun ich meine, wie zum Vortrag von mundartlichen Litteraturprodukten die Fertigkeit des Vortragenden erfordert wird, den betreffenden Dialekt

1*

in seiner Aussprache auch naturwahr wiederzugeben, ebenso ist zum Lesevortrag solcher Litteraturprodukte, die in der nationalen Schriftsprache verfaſst sind, unbedingt die Fertigkeit des Lesenden erforderlich, die dialektfreie, der Schriftsprache angemessene Aussprache rein, sicher, klangvoll und mühelos zum Ausdruck zu bringen.

Um sich von der Erfüllbarkeit der nationalen Pflicht einer dialektfreien Aussprache beim Lesen nationaler Schriftwerke zu überzeugen, braucht man sich nur von der Anatomie und der Physiologie sagen zu lassen, daſs die Sprachwerkzeuge, mit denen Mecklenburger, Hannoveraner oder Westfalen sprechen, keine anderen als die der Bayern, Württemberger oder Schweizer sind. Es giebt, „so weit die deutsche Zunge klingt", keine landschaftlichen Unterschiede in der Bildung und Leistungsfähigkeit des Kehlkopfes, der Zunge, des Gaumens, der Nasenhöhle, der Lippen. Alle, nach der geographischen Lage der Stämme oder der Ortschaften verschiedenen Mundarten beruhen lediglich auf geographisch verschiedenen Gewöhnungen beim Gebrauch der Sprachwerkzeuge. Nun ist zwar die landschaftliche oder landsmannschaftliche Gewohnheit eine starke Macht, wie jede Gewohnheit. Wer aber recht erwägt, dass die Herrlichkeit des deutschen Vaterlandes doch höher steht, als die Schönheit jeder seiner Landschaften, der wird seine Dialektgewohnheiten den Anforderungen unserer nationalen „Heldensprache" um so leichter zum Opfer bringen, je mehr er sich zugleich bewuſst wird, daſs er die Herrschaft über seine

Sprachorgane unbedingt hat und nur auszuüben braucht.

Und wer hierzu ernstlich entschlossen ist, „der mufs" — sagen wir mit Herder — „in frühen Zeiten, bei noch biegsamen Organen, seine Sprache bessern; er lerne sprechen wie die Menschen, deren Sprache ihm am reinsten, deutlichsten, charaktervollsten, lieblichsten tönt; sein eigener Verstand, sein Ohr sei ihm hierin Richter. Diese Menschen höre er oft und mit Liebe. — Er ahme ihnen aber nicht, wie jener amerikanische Vogel, der die Stimme anderer Vögel nachahmt, unverständig und knechtisch nach. Junge Leute, die sich zu einer schönen Rede bilden wollen, fallen ungemein bald ins Affektierte." — „Wahrheit, Wahrheit bilde unseren Ausdruck auch im Tone der Stimme!" — „Wie die Musik eine Tonleiter hat, auf der sich die Stimme auf- und absteigend üben mufs, so hat die Rede ein weites Reich von Gegenständen, Gesinnungen, Leidenschaften, Empfindungen, Zuständen der Seele u. s. w., deren Ausdruck sie zu schaffen und auf die mächtigste, angenehmste Weise darzustellen hat. Dafs sie dieses zu thun vermöge dazu gehört Übung; denn auch in der Kunst, seine Sprache zu brauchen, fällt der Meister so wenig vom Himmel als in der Tonkunst."

—————➤◇◄—————

Abschnitt II.

Die Sprachwerkzeuge.

———

Wer seine Aussprache nicht von der bloßen Angewöhnung abhängig sein lassen, sondern mit Bewußtsein gestalten will, muß unbedingt mit den wichtigsten
Verrichtungen der Sprachwerkzeuge bekannt sein. Für
das volle Verständnis dieser Funktionen ist natürlich
auch eine genaue, auf lebendiger Anschauung be-
ruhende Kenntnis von dem anatomischen Bau und
der physiologischen Bedeutung der Sprachwerkzeuge
erforderlich. Diese Kenntnis kann jedoch nicht
nebenher gewonnen werden, sondern setzt ein sorg-
fältiges Studium guter fachwissenschaftlicher Werke
voraus.*) Soweit es sich nur darum handelt, den
Sprechenden zum Bewußtsein davon zu bringen, daß
er die wesentlichen Verrichtungen seiner Sprachwerk-

———

*) Vergl. Joh. N. Czermak, Populäre physiologische Vor-
träge, gehalten im akademischen Rosensaale zu Jena in den
Jahren 1867, 1868, 1869. Wien. (K. Czermak.) 1869. III. „Stimme
und Sprache". — G. H. v. Meyer, Unsere Sprachwerkzeuge und
ihre Verwendung zur Bildung der Sprachlaute. Leipzig. (F. A.
Brockhaus.) 1880. — Auch kann man benutzen: Th. Hauptner,
Die Ausbildung der Stimme. Leipzig. (Ernst Eulenburg.) [Ohne
Jahr.] —

zeuge wirklich in der Gewalt habe, also auch seine Aussprache nach seinem Willen einrichten könne, genügen ungefähr folgende Hindeutungen.

1. Jeder Sprachlaut erfordert zu seiner Hervorbringung einen hinreichend starken Luftstrom, der mittels willkürlichen Ausatmens aus der Lunge durch die Luftröhre hindurch getrieben wird. Zur Bildung der Sprachlaute wird also jederzeit mehr Atem verbraucht als beim unwillkürlichen Ausatmen, das zur Unterhaltung des Lebensprozesses mit dem ruhigen Einatmen regelmäßig wechselt und wie dieses gewöhnlich durch die Nase geschieht. Will man also andauernd hörbar sprechen bezw. vorlesen, wobei doch immer aufs neue Sprachlaute oder Gruppen und Folgen von Sprachlauten kraftvoll gebildet werden müssen, so hat man dabei in erster Linie durch gehöriges Einatmen während des Sprechens für die genügende Luftzufuhr zur Lunge zu sorgen. Wird dies an den Stellen der Rede, welche dazu die natürlichste Gelegenheit bieten, also bei Pausen des Gedankens oder des Gefühls oder auch bei den berechtigten Schallpausen von Wort zu Wort oder von Silbe zu Silbe, versäumt, so bedrängt Atemnot den Sprechenden zur Unzeit. Er muß dann entweder Laute, die zu einer einheitlichen Gruppe verbunden sind, auseinander zerren — oder stellenweise zur matten, kraftlosen Aussprache seine Zuflucht nehmen — oder durch Überanstrengung die Sprachwerkzeuge überreizen. Abgesehen von der zum Atemholen während des Sprechens nötigen Zeit ist für das zuverlässige Arbeiten der Lungen die freie, ungezwungene Haltung

von Brust und Hals die unerläfsliche Grundbedingung, gleich viel, ob man beim Sprechen steht oder sitzt. 2. Die Luftröhre läuft nach oben in den Kehlkopf aus, dessen vordere Knorpelteile oberhalb der Mitte der vorderen Seite des Halses fühlbar und beim Sprechen oder Singen beweglich sichtbar sind. Im Kehlkopf liegen zwei elastische Häute über dem Hohlraum der Luftröhre, die Stimmbänder, welche unter engerer oder loserer Annäherung der feinen Ränder willkürlich angespannt werden können. Der Durchgang für die Luft zwischen den Rändern beider Stimmbänder ist die Stimmritze. Entweder legen sich, im Falle der willkürlichen Anspannung der Stimmbänder durch die entsprechenden Kehlkopfknorpel und Kehlkopfmuskeln, die Ränder der Stimmbänder geradlinig schliefsend an einander, oder sie lassen zwischen sich einen mehr oder weniger geöffneten Spalt. Trifft der aus der Lunge in die Luftröhre zum Zwecke der Tongebung hineingestofsene Luftstrom auf die gespannten Stimmbänder, wenn ihre Ränder geradlinig an einander liegen, so schwingen die Stimmbänder in ihrer ganzen Ausdehnung und erzeugen durch ihr periodisches Schwingen Töne, deren Resonanz bei stärkerem Sprechen in der Brust gefühlt wird, die sogenannten Brusttöne. Lassen die angespannten Stimmbänder zwischen ihren Rändern einen offenen Spalt, so geraten durch den von der Lunge her andrängenden Luftstrom nur die schmalen, feinen Ränder der Stimmbänder in periodische Schwingungen; die so erzeugten Töne resonieren nicht in der Brust, sondern nur in den Höhlen des Kopfes und heifsen

Falsett-, Fistel- oder Kopftöne. Das Falsettregister
hat, was Tiefe und Höhe der Töne betrifft, zwar die
höheren Töne des Brustregisters mit diesem gemein,
dient aber im wesentlichen dazu, die an sich höheren,
dem Brustregister unerreichbaren Töne zu erzeugen.*)
Wie beim Gesange die Töne am wohllautendsten,
vollsten und wirksamsten zu bilden sind, wie weit
dabei sogar eine bewufste Herrschaft über die Stellung
der Stimmbänder, über die Lage des Kehlkopfes
u. dergl. zu erreichen ist, interessiert den geschulten
Sänger. Beim guten Sprechen oder Vorlesen kommt
es nicht auf die musikalische Behandlung der in der
Stimme oder Stimmritze erzeugten Töne, sondern auf
die zu Sprachzwecken richtig zu bildenden Stimmlaute an. Dabei ist die Wahl des Brustregisters
oder des Falsettregisters von geringerer Bedeutung
als die Kenntnis derjenigen willkürlichen Einflüsse,
welche die Aussprache der Stimmlaute oder Vokale
durch die Sprechorgane des Kopfes, besonders auch
durch die freie Resonanz der Höhlen im Kopfe
erfährt.

Das Grunderfordernis für die reine Aussprache
der Vokale ist dies, dass die Luft, welche den Ton

---

*) Der männliche Kehlkopf erfährt um das 14. und 15. Lebens-
jahr eine beträchtliche Erweiterung, wodurch die Stimmbänder an
Länge zunehmen. Hieraus ergiebt sich dann die Vertiefung der
männlichen Stimme. Die beiden gröfsten Kehlkopfknorpel sind
der (Ring- oder) Grundknorpel und der (Schild- oder) Spann-
knorpel. Bei dem Wachsen des männlichen (Schild- oder) Spann-
knorpels nach vorn, während des „Stimmwechsels“, bildet sich
auch der Vorsprung, den man Adamsapfel nennt.

aus dem Kehlkopf durch die Schlundhöhle (den
Rachen) heraus führt, ihren Weg ganz und unbehindert durch die Mundhöhle nehme. Dies ist indes
nur dann möglich, wenn zwischen der Schlundhöhle
und der Nasenhöhle ein sicherer Verschluß gebildet
ist. Zur Herstellung dieses Verschlusses dient der
bewegliche weiche Gaumen oder das Gaumensegel
(mit dem Zäpfchen). Wer dieses Organ nicht in der
Gewalt hat und deshalb beim Sprechen der Stimmlaute einen Teil der ausströmenden Luft durch die
Nasenhöhle entweichen läfst, spricht näselnd und
beeinträchtigt dadurch die vokalische Klangreinheit
der deutschen Rede.*) Nicht zu beseitigen ist der
Fehler einer näselnden Vokal-Aussprache nur bei
solchen Menschen, deren Gaumensegel defekt ist.

Eine andere unerläfsliche Rücksicht ist behufs
guter Aussprache der Vokale auf die jedesmalige
Gestaltung der Mundhöhle zu nehmen, von welcher
die deutliche Unterscheidung der Vokale unterein-
ander vornehmlich abhängt. Hiervon wird weiter
unten bei der Behandlung der einzelnen Vokale die
Rede sein. Auch von der sogenannten Klangfarbe
der Rede ist später zu handeln.

 3. Geht ein genügend starker Luftstrom durch
die Luftröhre und den Kehlkopf hindurch, während
die Stimmbänder nicht gespannt sind, also bei weiter
Öffnung der Stimmritze, so sind die hörbar werdenden
Sprachlaute nur Geräusche. Die als Sprachlaute ver-

---

*) Nasenvokale mit sonorem Klange neben den reinen Vokalen
sind der französischen Sprache eigentümlich.

wendeten, in den Sprachwerkzeugen ohne eigentliche Tonbildung erzeugten Geräusche sind die Konsonanten. Je nachdem der Luftstrom in den Höhlungen des Kopfes, die er durchstreicht, gehemmt wird, sei es durch Reibung, durch Verdichtung oder dergl., entstehen die verschiedenen Arten der Konsonanten. Durch die frei geöffnete Mundhöhle gehend, giebt der Luftstrom, unter einem gewissen, im Kehlkopf gebildeten Geräusch, den Laut h. Durchdrängen des Luftstroms zwischen hartem Gaumen und Zungenrücken ergiebt die Laute k, g, j, ch (in ich), zwischen weichem Gaumen und Zungenwurzel den Laut ch (in ach). Durchdrängen des Luftstromes zwischen den, einen Verschluß oder eine Spalte bildenden Lippen giebt die Laute p, b, w, f. Durchdrängen des Luftstromes zwischen Zungenspitze und Zähnen giebt die Laute t, d, s, fs, zwischen den Zähnen und den geöffneten Lippen den Laut sch. Streicht der Luftstrom um die gehobene Zungenspitze, so ergiebt sich der Laut l. Vibriert oder schwingt beim Durchgang des Luftstromes durch die Mundhöhle das Zäpfchen am Gaumensegel — oder die Zungenspitze — oder auch nur der Zungenrücken, so ergiebt sich jedesmal der (sehr verschieden gesprochene) Laut r.*)

---

*) Die Konsonantzeichen qu, x, z bedeuten Konsonantenzusammensetzungen (kw, ks, ts). — Die Zeichen c, v, ph treten für andere Laute ein; c bald für k, bald für z; v bald für f, bald für w; ph für f. Das Zeichen g in Wörtern wie „Page", „logieren" vertritt ein sanftes Sch', ähnlich das Zeichen j in „Journal". Die Zeichen ti stehen oft für zj. In französischen und anderen eigentlichen Fremdwörtern werden noch manche andere undeutsche Lautbezeichnungen oder Lautformen gefunden.

4. Eine besondere Klasse der Sprachlaute bilden die Resonanten oder Nasenlaute m, n, ng. „Sie entstehen dadurch, daſs ein tönend aus dem Kehlkopfe austretender Luftstrom durch die Nasenhöhle nach auſsen geführt wird, und daſs die an bestimmter Stelle abgeschlossene Mundhöhle als eine seitlich von dem Strome gelegene blinde Ausbuchtung ihre Resonanz derjenigen der Nasenhöhle beimengt. Für m geschieht der Verschluſs der Mundhöhle durch die Lippen, — für n zwischen der Zungenspitze und dem harten oder knöchernen Gaumen, — für ng zwischen der Zungenwurzel und dem beweglichen weichen Gaumen oder Gaumensegel".*) Den Laut ng erhält man, wenn man z. B. vom Worte Angst die Laute a und st oder vom Worte Anker den Laut a und die Silbe ker nicht mitspricht.

5. Dem mehr oder weniger lauten Sprechen, wobei die Stimmlaute und die Resonanten tönen, steht das Sprechen im Flüstertone gegenüber. Dieses ist nicht etwa nur ein leiseres Sprechen, das dem eigentlichen Lautsprechen wie ein Piano dem Forte entspräche. Das Flüstern ist vielmehr ein tonloses Sprechen, wobei „ein in der Stimmritze (ohne Spannung der Stimmbänder) gebildetes Geräusch an die Stelle des, an der lauten Sprache beteiligten Tonelementes tritt."**)

6. Höhe und Tiefe der Töne sind von der gröſseren oder geringeren Zahl der Schwingungen,

---

*) Vergl. G. H. v. Meyer, Unsere Sprachwerkzeuge. Leipz. 1880. S. 316 f.

**) Vergl. G. H. v. Meyer, a. a. O., S. 284—286.

somit von der gröfseren oder geringeren Spannung
der schwingenden Stimmbänder abhängig. Die Spannung der Stimmbänder bewirken zumeist die Kehlkopfknorpel und die Kehlkopfmuskeln. Jedoch findet
aufserdem auch eine Stimmbänder-Spannung durch
den anblasenden Luftstrom statt. Aus dem letzteren
Umstande erklärt es sich, dafs „ein kräftigerer Aus-
atmungsdruck einen höheren Ton hervorbringt, sei
es, dafs dieser Druck durch leidenschaftliche Zustände
veranlafst oder absichtlich für den Zweck der Bildung höherer Töne ausgeführt sei. Aus diesem
Grunde schlägt die Rede eines in heftigem Zorne
Sprechenden manchmal plötzlich in die höchsten Töne
um." Wie beim Singen hat man auch beim lauten
Sprechen vor diesem Umschlagen des Tones,
desgleichen vor dem Krähen, dem Bellen und vor
allem Schreien sich zu hüten. Auch ist jede un-
schöne Quetschung der Töne zu vermeiden, wie sie
leicht bei einer affektierten Haltung des Kehlkopfes
hervortritt.

7. Die Stärke eines Tones ist von der gesunden Schwingungsfähigkeit der Stimmbänder und
besonders von dem ruhig-kräftigen Anblasen derselben
abhängig, aber auch von der „Resonanz der in der
Luftröhre und der Lunge eingeschlossenen Luftschichten" wie von der „Resonanz der Brustwand",
von der „Resonanz der Luftschichten in der Mundhöhle und der Nasenhöhle", von der „Resonanz der
Bestandteile des Kehlkopfes und der Wandungen der
Luftwege überhaupt." Diese Resonanzen sind alle
„Verstärkungsmittel für den Ton", das stärkste natürlich

die Brustresonanz, deren Gebrauch daher weise zu beschränken ist.

„Geräumiger Brustkorb, geräumige Nasenhöhle und grosser Kehlkopf werden daher, vollkommen gesunde Beschaffenheit aller Teile vorausgesetzt, wesentliche Hülfsmittel für kräftige Tonerzeugung sein müssen.“

„Schwache Stimme wird dagegen bedingt sein einerseits durch Erkrankungen (z. B. Katarrhe) der, die Stimmbänder überziehenden Schleimhaut oder durch Muskelschwäche, welche eine kräftige Ansetzung verhindert, — und andererseits durch Erkrankungen der Lungen, welche deren Luftkapazität herabsetzen und deren Resonanzfähigkeit vermindern, und überhaupt durch alle Verhältnisse, welche eine kräftige Resonanz in den oben bezeichneten Teilen hindern.“*)

8. Der Kehldeckel, „eine elastisch-steife Platte von zungenförmiger Gestalt“, erhebt sich mit seinem stielförmigen Anfange „von dem oberen Rande der Eingangsöffnung in den Kehlkopf“ und liegt „dem hintersten untersten Teile des Zungenrückens sehr nahe“. Diese Klappe hat bei der Erzeugung von Sprachlauten nicht besonders mitzuwirken', sondern dient vorwiegend zum Schutz des Kehlkopfes. Sobald nämlich die Bewegung des Schlingens erfolgt, durch welche Nahrungsmittel in die Schlundhöhle (den Rachen) geschoben werden, um von hier in die, zum Schlucken sich öffnende Speiseröhre, die hinter der Luftröhre liegt, zu gelangen, so legt sich der Kehldeckel gleich-

---

*) Vergl. G. H. v. Meyer, Unsere Sprachwerkzeuge. Leipz. 1880. S. 222 f.

zeitig auf den Kehlkopf und verhindert so das Eindringen von Speiseteilen in die Luftröhre (oder Gurgel).
Bei hastigem Essen oder Trinken können, wenn der
Kehldeckel den Kehlkopf nicht ganz schliefst, Speise-
teilchen oder irgendwelche Mengen von Flüssigkeit
aus dem Schlingkanal, welcher über den, vom Kehldeckel bedeckten Kehlkopf hinweg führt, in den Kehlkopf geraten. Alsdann erfolgt, damit das in die
eigentliche (nicht in die „unrechte") Kehle Geratene
wieder ausgestofsen werde, sofort ein Hustenanfall.
Zufällen dieser Art setzen sich diejenigen aus, welche
die Gewohnheit haben, während des andauernden
Sprechens oder Lesens ab und zu hastig Wasser zu
trinken. Übrigens sind besondere Anfeuchtungs-
mittel bei Gesundheit des Kehlkopfes ganz überflüssig;
denn die, für die Schleimhäute der Sprachwerkzeuge
erforderliche Feuchtigkeit erzeugt sich im gesunden
Zustande eben in den Schleimhäuten von selbst.

9. Die Sprachwerkzeuge gesund zu erhalten, ist
nichts empfehlenswerter als eine stätige Abhärtung.
Regelmäfsige Waschungen der Brust, der Schultern
und des Halses mit kaltem Wasser, eine für gewöhnlich
nur leichte Bekleidung des Halses, bei stätiger Warm-
haltung der Brust, vielfaches kräftiges Atmen in
frischer Luft und Behütung der Füfse sowie des
Rückens vor Erkältungen sind, abgesehen von einer
gesunden und mäfsigen Ernährungsweise, die em-
pfehlenswertesten Mittel zur Erhaltung einer zuver-
lässigen Leistungsfähigkeit der Sprachwerkzeuge.

Abschnitt III.

Die Reinheit der Sprachlaute.

———

Die Grundvoraussetzung für jeden Lesevortrag, welchen gebildete Zuhörer mit Wohlgefallen aufnehmen sollen, ist und bleibt die reine Aussprache der Laute. Wer nicht lautrein zu lesen vermag, d. h. wer nicht jedes im Schriftsatze vorkommende Lautzeichen so hörbar zu machen versteht, wie es dem sprachkundigen Ohre als charakteristischer Sprachlaut erklingen muſs, der hat — er möge sonst Effekte hervorbringen, welche er wolle — eine zureichende Lesefertigkeit nicht. Denjenigen, welche bei der Bildung der Sprachlaute von ihrer dialektischen Angewöhnung nicht lassen zu können meinen, wäre daher eigentlich nur erlaubt, in ihrem Dialekt abgefaſste Schriftwerke vorzulesen. Bei einigem Nachdenken zeigt sich jedoch, daſs jeder Leser, der Willenskraft genug besitzt, von Dialekteigenheiten loskommen kann. Dieses Nachdenken, welches uns in den Stand setzt, Mängel der Aussprache durch einige energische Übungen in der richtigen Bildung der uns ungeläufigen Laute zu be-

seitigen, soll durch folgende Andeutungen angeregt
werden.*)

1. Die Bildung der Stimmlaute (vgl. II, 2) in
ihren charakteristisch verschiedenen Klängen — als
u, o, a, e, i, — ü, ö, ä, — au, eu (oder äu oder
oi), ei (oder ai) — ist von der Erzeugung des Tones
in der Stimmritze nicht abhängig; von dieser hängt
die Höhe und die Stärke des Tones ab: vielmehr beruht die reine Unterscheidung der Vokalklänge nur
auf der Gestaltung des Innern der Mund- und
der Rachenhöhle, welche durchaus der Willkür
unterworfen ist. Die Gestalt des, beim Sprechen von
Stimmlauten gebildeten Hohlraums, welcher vom Kehlkopf bis zu den Lippen reicht, hängt von dreierlei
Bedingungen ab. Erstens kann dieser Hohlraum an
zwei Stellen eine Verlängerung erfahren, und zwar
sowohl in seinem vorderen Teile, wenn die Mundhöhle „durch röhrenförmiges Vorstrecken beider
Lippen“ verlängert wird, als auch in seinem hinteren
Teile, wenn „der Kehlkopf tiefer herabgezogen wird“;
umgekehrt ergiebt sich eine Verkürzung des ganzen
Hohlraumes, wenn die Lippen an die Schneidezähne
angepreſst werden, oder eine Hebung des Kehlkopfes
stattfindet. Zweitens hängt die Gestalt der Mundhöhle
von der Haltung des Unterkiefers ab. Drittens endlich
bedingt die Lage der Zunge, je nachdem diese am
Boden der Mundhöhle liegen bleibt oder mit irgend

---

*) Vergl. G. H. v. Meyer, Unsere Sprachwerkzeuge. Leipz.
1880. S. 262 ff. — E. Palleske, Die Kunst des Vortrags.
Stuttgart (Krabbe) 1880. SS. 75 ff., 88 ff.

einem Teile dem Gaumen genähert wird, die Gestalt
des ganzen zum Vokalsprechen erforderlichen Hohlraumes wesentlich mit.

2. Die Hauptvokale sind u, a, i — und der Grund-
vokal unter ihnen a. Der reine Laut a erfordert zu
seiner normalen Aussprache a) die mittlere Länge des
Hohlraums zwischen Kehlkopf und Lippen, also die
durchschnittliche Kehlkopflage und die Haltung der
Lippen in gewöhnlicher Zahnweite, b) das Abziehen
des Unterkiefers, durch welches die Mundhöhle mäfsig
weit geöffnet wird, und c) das Ruhen der ganzen
Zunge im Boden der Mundhöhle. Die häufigen Ver-
unreinigungen des A-Lautes rühren, abgesehen von
dem Fehler des Näselns (vergl. II, 2), zumeist von
träger Haltung des Unterkiefers oder von den ebenso
trägen Ausweichungen des hinteren Zungenteiles gegen
den Gaumen her. — Der reine Laut u verlangt a) die
äufserste Verlängerung des Hohlraumes zwischen
Kehlkopf und Lippen, also sowohl das Herabziehen
des Kehlkopfes als ein röhrenförmiges Vorschieben
der Lippen, b) ganz mäfsiges Senken des Unterkiefers
und c) hinlängliche Annäherung des hinteren Teiles
der Zunge gegen den weichen Gaumen bezw. gegen
die hintere Schlundkopfwand. — Der reine Laut i
bedingt a) die äufserste Verkürzung des Hohlraumes
zwischen Kehlkopf und Lippen, also Hochstellung
des Kehlkopfes und mäfsiges Zurückziehen der Mundwinkel behufs Andrückens der Lippen an die Schneidezähne, b) ganz mäfsiges Senken des Unterkiefers und
c) gehörige Annäherung des vorderen Teiles der
Zunge gegen den vorderen Teil des harten Gaumens.

3. Der Vokal o wird gebildet, wenn man die Mundstellung für U, und der Vokal e ergiebt sich, wenn man die Mundstellung für I so abändert, dals nicht der hintere oder der vordere Teil der Zunge, sondern der mittlere Zungenrücken gegen den harten Gaumen gehoben wird. Der Klang für den Laut o wird dumpfer, wenn dabei die Mundstellung für den U-Laut mehr der für den A-Laut sich nähert; reiner und wohllautender, wenn sie genauer die für den U-Laut bleibt. Ähnlich wird der Klang für den Laut e dumpfer, wenn die Mundstellung für den I-Laut der für den A-Laut sich nähert, heller, wenn sie genauer die für den I-Laut bleibt.

4. Die Umlaute ä, ö und ü erfordern zur reinen Aussprache Kombinationen der unter 2. und 3. beschriebenen Mundstellungen. Der Umlaut ä tönt rein (und von e verschieden), wenn man unter gelinder Zurückziehung der Mundwinkel „die vorwärts geschobene Zungenspitze an die unteren Schneidezähne hebt" und den Unterkiefer wie bei der Bildung des A-Lautes abzieht. Der Umlaut ö tönt rein, wenn man den mittleren Zungenrücken bei röhrenförmigem Vorschieben der Lippen hebt. Der Umlaut ü tönt rein, wenn man bei röhrenförmigem Vorschieben der Lippen den Zungenrücken und, wie bei der Bildung des U-Lautes, zugleich den hinteren Teil der Zunge etwas hebt.

5. Die Vokale, welche unter 2., 3. und 4. genannt sind, bilden — nach der Stellung des Kehlkopfes von unten nach oben und zugleich nach der Aufeinanderfolge ihrer Eigentöne, welche die Akustik

2*

kennen lehrt, von der Tiefe zur Höhe — folgende
Reihe: u, o, a, (ü,) (ö,) (ä,) e (dumpf), o (hell), i.
Die Akustik erklärt, warum jeder Vokal seine besondere Klangfarbe hat, die von der eigentüm-
lichen Mischung seines Grundtones mit den sogenannten Obertönen abhängt. Allerdings kann man
jeden Vokal nicht nur auf jede beliebige tiefe oder
hohe Note singen, sondern auch in jeder beliebigen
Tiefe oder Höhe des Sprachtones sprechen. Immerhin
entfaltet jeder Vokalklang sich aufs wirksamste in
einer solchen Höhe des Sprachtones, die seinem, von
der Mundstellung abhängigen Eigentone am ange-
messensten ist. — Wählt man für den Sprachton der
Rede vorwiegend eine Stimmlage oder Tonhöhe, die
mehr den tieferen Vokalen u und o angemessen ist,
so gewinnt der Redeton die dunkle Klangfarbe,
das dunkle Timbre; spricht man dagegen vorwiegend
in einer Stimmlage, die den höheren Vokalen a, e
oder i entsprechender ist, so erhält der Redeton die
helle Klangfarbe, das helle Timbre. Die dunklere
Klangfarbe im Redetone erfordert im allgemeinen eine
tiefe, die hellere Klangfarbe eine höhere Stellung des
Kehlkopfes.

6. Jeder der Vokale u, a, i, — o, e, — ü (= y),
ö, ä kann sowohl lang (gedehnt) als auch kurz vorkommen. Bei gutem Lesevortrag ist es zu vermeiden,
daß wohltönende Silben mit gedehntem Vokal kurz
gesprochen werden (z. B. Spaß, Späße, blöken, bukst,
bükest, Ruß, rußig, stätig, häkeln, Haken, Höker,
Hökerin, Lotse); ebenso sind aber umgekehrt unbe-
deutende Silben mit kurzem Vokal nicht zu dehnen

(z. B. bin, in, hin, um, man, mit, ab, ob, an, von, weg).
Desgleichen vermeide man sorgfältig, den in Neben-
silben deutscher Wörter so oft vorkommenden Laut e,
der tonlos ist und den dumpferen Klang haben mufs,
etwa zu hell zu bilden oder gar noch zu dehnen
(z. B. Sonne, Betrachtungen, gehen, trübe, gutes, —
der, des, es). Helles und langes Endungs-E tönt nur
in fremden Wortformen (z. B. Psyche, Helle, — Mose
[= Moseh], — Thukydides, Perikles, — Café, Allee).
7. Bekannt sind jene ganz rohen Verwechslungen
in der Aussprache, wobei etwa u durch o (z. B.
Furcht — Forcht), ū durch ö (z. B. fürchten —
förchten), a durch ä, durch dumpfes E oder dumpfes
O (z. B. Karl — Kärl — Korl; Gardecorps — Gärde-
corps), auch wohl e durch a (z. B. Berlin — Barlin),
u durch i (z. B. spüren — spiren), ö durch e (z. B.
Möwe — Mewe) wiedergegeben wird. Eine weniger
plumpe, aber eben so geschmacklose Unsitte haben
manche Leser an sich, welche unser helles gedehntes
O (z. B. in S o h n, T o n, l o h n e n) und unser helles
gedehntes Ö (z. B. g e w ö h n e n, t ö n e n) dumpf und
gedehnt hervorbringen, was meist gequetscht klingt.
Nur in französischen Wörtern besteht die dumpfe
gedehnte Form für die Vokale o und ö zu Recht (z.
B. in l a m o r t, l e t r ô n e, l e c o e u r, l a d o u c e u r);
und gerade wieder umgekehrt wird manchem Deutschen
diese französische Färbung von o und ö nicht ganz
leicht, zumal sofern sie sonoren Vollklang erfordert*).

---

*) Auf wie vielerlei Weise jeder Vokallaut in der Schrift be-
zeichnet werden kann (z. B. langes A durch aa, durch ah, langes
i durch ie, durch ih u. dgl.), ist hier nicht fraglich. So wird

8. Die Diphthonge au, eu (= äu = oi) und ei
(= ai), die immer gedehnt sind, verlangen behufs
ihrer reinen Aussprache, daſs 1) bei ihrer Bildung
die Mundstellungen für die in ihnen enthaltenen ein-
fachen Vokale einander ablösen, daſs aber doch 2) die
Ausprägung des diphthongischen Lautes eine nur
einsilbige sei. Am leichtesten gelingt im allgemeinen
der Laut au. Behufs der reinen Unterscheidung von
eu (= äu = oi) einerseits und ei (ai) andererseits thut
man wohl, eu von der Kombination der Vokale o
und i aus, dagegen ei von derjenigen der Vokale a
und i aus zu üben. Fehlerhafte Ausprägungen der
Diphthonge, wie sie mundartlich sich öfter finden,
sind einmal die, statt der bloſs gedehnten Aussprache
vorkommende übermäſsige Verbreiterung, gewisser-
maſsen die jambische oder trochäische Zerlegung, —
dann aber auch die spitzige, platte Abquetschung,
welche besonders beim Gesang den diphthongischen
Wohllaut behindert und etwas Kreischendes hat. —
Die Aussprache des Ai von der des Ei zu unterscheiden, ist für gewöhnlich nicht erforderlich; selbst
im Griechischen unterscheiden nur sehr feinfühlige
Leser zwischen ai und ei. — Ab und zu findet sich
noch der Diphthong ui, und in französchen Wörtern
der Diphthong oa (geschrieben oi). — Einen gröſseren
Reichtum an Diphthongen zeigen die Dialekte (z. B.

---

auch als bekannt vorausgesetzt, daſs bei fremden Wörtern, besonders französischen, z. B. u durch ou, o durch au oder eau,
ü durch u, ä durch ai, ö durch eu u. s. w. in der Schrift wiedergegeben werden kann.

in Wörtern wie Bua, Muetter, Liab, Liacht, Soest,
dou [für du], Muotta).

9. Die Konsonanten teilt man aufs naturge-
mäfseste folgendermafsen ein: I. Verschlufslaute
p, b; t, d; k, g; II. Reibelaute f, w; fs, s; sch*);
vorderes Ch (wie in ich), j; hinteres Ch (wie in
ach, doch); l; h; III. der Zitterlaut oder die Vibrans r.

10. Die Verschlufslaute oder Explosivlaute
haben das Eigentümliche, dafs sie nur plötzliche
Geräusche, die nicht andauern können, hören lassen.
Dies geschieht, indem der Verschlufs, welchen entweder 1) die Lippen mit einander oder 2) die Zungenspitze an den Oberzähnen oder 3) der hintere Zungen-
teil am hintern Teil des harten Gaumens bilden, von
dem andringenden Luftstrom gelöst wird. Sollen die
sogenannten harten (tonlosen) Verschlufslaute oder
die Tenues p, t, k hörbar werden, so mufs die
Lösung des Verschlusses an der betreffenden Artikulationsstelle mit energischem Hindurchdrängen des
vorher gehemmten Luftstromes wie eine Sprengung
des Verschlusses erfolgen. Geschieht dagegen die
Verschlufslösung als blofses Aufthun, wobei die vorher stattgefundene Hemmung des Luftstromes nur
plötzlich aufhört, so ergeben sich die sogenannten
weichen (tönenden) Verschlufslaute oder die Mediae

---

*) Dem stark gesprochenen deutschen Sch entspricht in
französischen Wörtern ch, z. B. in Champagner; daneben giebt
es für französische Wörter ein sanft gesprochenes Sch', das in
der Schrift durch g oder j wiedergegeben wird, z. B. in Page,
Loge, Journal, Jalousie.

b, d, g. — Das Unvermögen der kräftigen Unterscheidung zwischen p und b, zwischen t und d, zwischen
k und g beruht nur auf Trägheit beim Sprechen, wie
auch das häufige Ungeschick, den Laut g als Ver-
schlufslaut zu sprechen, nur auf Energielosigkeit beruht. Statt des Verschlufslautes g sprechen viele
— nicht etwa nur in schwachbetonten Endsilben, wo
g als Reibelaut lautet, sondern fälschlich vielmehr in
betonten Stammsilben einen der Reibelaute j oder ch
(wie in ich) oder ch (wie in doch); man hört z. B.
jeben, Jabe, Balch, Bälje, Tach, Tache, Vöch-
lein für geben, Gabe, Balg, Bälge, Tag, Tage,
Vöglein u. a. — Übrigens lauten die weichen (sanften)
Verschlufslaute b und d als solche nur im Anlaut
der Silben und im Inlaut; stehen sie im Auslaut, so
werden sie als p und t gehört; die Media g lautet
im Auslaut bei vielen Lesern wie die Tenuis k, bei
vielen wie ein Reibelaut.

11. Die Reibelaute können nach Belieben
dauernd hörbar gemacht werden und entstehen,
indem der erforderliche Luftstrom an einer Artikulationsstelle durch Reibung eine Hemmung erfährt.

Ohne Abziehung des Unterkiefers entstehen
die Laute f und w, fs (wie in reifsen) und s (wie in
sausen), sch (wie in in rauschen) — [und französisches
sanftes Sch' (wie in genieren, cajolieren)]. In der
Lippenspalte, zwischen der Unterlippe und den Oberzähnen, entsteht 1) (tonlos) durch starke Reibung
des Luftstromes f (geschrieben auch ph oder v),
2) (tönend) durch sanfte Reibung w (geschrieben auch

v*) — oder u in qu). Zwischen den Zähnen und der ihnen genäherten Zungenspitze entsteht 1) (tonlos) durch energische Reibung des Luftstromes ſs, unser scharfer S-Laut (geschrieben auch ss, im Auslaut auch nur s), der in französischen Wörtern so oft als Anlaut erfordert und auch durch c (ç) bezeichnet wird, wie in Sanssouci, Façon; 2) (tönend) durch sanfte Reibung s, unser sanfter S - Laut, der in französischen Wörtern oft durch z bezeichnet ist, wie in Gaze, Guizot. In deutschen Wörtern den scharfen S-Anlaut zu sprechen (ſsagen, ſsausen), ist ungeschickt oder affektiert. In der Öffnung der mäſsig ausgestülpten Lippen unter Hebung des Zungenrückens und unter Schluſs der Zahnreihen entsteht 1) (tonlos) durch starke Reibung des Luftstromes unser starker Zischlaut sch (in französischen Wörtern oft ch geschrieben), 2) (tönend) durch schwache Reibung der sanfte (französiche) Sch'-Laut, der in Page, Journal gesprochen wird. — Das Unvermögen des Lesers, die S- und Sch-Laute rein zu bilden, ist für das gebildete Ohr überaus störend. Freilich ist in Deutschland die Gewohnheit mit gutem Rechte vorherrschend, in den Anlauten sp und st für deutsche Wörter den S-Laut als Sch-Laut zu sprechen. Auf jeden Fall aber ist es unstatthaft, auch den Anlaut sk (wie in Sklave, Skrupel, Skizze) oder die Anlaute st und sp in Fremdwörtern mit Sch-Laut zu sprechen — oder gar in- und auslautendes St, Sk, Sp mit dem Zischlaut zu bilden (wie etwa ischt, Ma-

---

*) Wer z. B. Provinz, November, Vesta, Jehovah nicht mit dem W-Laut spricht, verrät damit immer mehr Mangel an Sorgfalt, als ihm selbst lieb sein sollte.

jeschtät, Durscht, borschtig, Eschpenlaub, Fiaschko).*)
Anderseits ist das Ungeschick des Lesers, den starken
und den weichen Sch-Laut (wie in Wäsche und Page)
zu unterscheiden — oder überhaupt einen reinen Sch-
Laut zu bilden, ebenfalls für den Hörer beleidigend.
Wer das Wort Esche nur wie Es-ke oder wie
Es-che, das Wort Schuld nur wie S-chuld heraus-
zuquälen versteht, — wer also die geringe Leistung,
die Lippen etwas auszustülpen und etwa die Zunge
etwas freier zu heben, sich nicht zumuten mag, nun,
der verzichte dann wenigstens darauf, gebildeten Ohren
nationale Schriftwerke vorzulesen.

Mit Abziehung des Unterkiefers entstehen
die Reibelaute **ch** (wie in ich, reich, fächeln, röcheln,
Gerüche, Gebräuche, Milch, Dolch) und **j** (wie in
jetzt, kujonieren, Nation = gespr. Naz-jon), ferner
das hintere **Ch** (wie in ach, doch, Geruch, Gebrauch),
l und **h**. Zwischen mittlerem Zungenrücken und
hartem Gaumen entsteht 1) durch starke Reibung des
Luftstromes das vordere **Ch** (in ich), 2) durch sanfte
Reibung **j**. Fast wunderlich ist der öfter vorkommende
Fehler, daß der Laut **j** (das Jod) mit dem Ver-
schlußlaut **g** verwechselt wird; wer an diesem Fehler
leidet, entwöhnt sich˙ vielleicht davon am ehesten,
wenn er **j** aus der İ-Stellung des Mundes zu sprechen
übt, gewissermaßen als ein, bis zur Tonlosigkeit ver-
dünntes İ. Zwischen Zungenwurzel und weichem

---

*) Barbarisch ist auch die Zusammenziehung eines Stamm-S
mit ch der Endung zu sch, wie z. B. in Mäus-chen, Lis-chen,
bifs-chen, oder eines auslautenden S mit anlautendem P oder
T (wie etwa Dischputation, Dischtribution).

Gaumen entsteht durch starke Reibung des Luftstromes
das hintere Ch (in ach), bei dessen Bildung indes
kein Teil des weichen Gaumens zittern darf; letzteren-
falls entstände ein unschöner Schnarchlaut. Leicht
zu bilden ist der Laut l, bei dessen Aussprache der
Luftstrom über die Zungenränder und um die gehobene Zungenspitze hinstreicht. Endlich der flüchtigste
Reibelaut h, der manchem Fremdländer gar nicht
gelingen will, erfordert die freie Öffnung des ganzen
Sprach-Hohlraumes vom Kehlkopf bis zu den Lippen,
damit der, unter einem gewissen Kehlkopf-Geräusch
ausgestofsene Luftstrom unbehindert durch den Hohlraum streichen kann.

12. Der Zitterlaut r, die einzige Vibrans, erfordert
unerläfslich das Vibrieren eines Weichteiles in der
mäfsig geöffneten Mundhöhle. Am schönsten klingt
das sogenannte Zungen-R, bei dessen Bildung die
Zungenspitze vibriert oder zittert. Immerhin rein
genug läfst sich dieser Laut auch durch kräftige
Schwingung des Zäpfchens erreichen. Schwerfälliges
Vibrieren des Zungenrückens behufs der Bildung des
R-Lautes giebt diesem etwas Lallendes. Ganz unge-
nügend ist die träge Bildung des R-Lautes durch
blofse Reibung des Luftstromes am losen weichen
Gaumen, wobei sich nur ein mifstönender Schnarchlaut vernehmbar macht, der mit dem hinteren Ch
(in ach) am meisten ähnlich ist.*)

---

*) Vergl. E. Palleske, Die Kunst des Vortrags. Stuttgart.
1880. SS. 1 ff. — G. H. v. Meyer, Unsere Sprachwerkzeuge.
Leipzig. 1880. SS. 335 f.

13. Die reine Aussprache der zusammenge-
setzten Konsonanten z (= ts), x (= ks), qu (= kw)
und häufig ti (= zj)*) hängt lediglich davon ab, dafs
die in den Zusammensetzungen bezeichneten Elemente
kräftig und rein gebildet werden.**) ʹ

14. Die Aussprache der in Abschn. II, 4 behan-
delten Resonanten oder Nasenlaute m, n, ngʼ bietet
im Ganzen wenig Schwierigkeiten. Bei m und n
kommt es wohl vor, dafs nachlässige Leser sie im
Auslaut der Endsilben nicht genügend tönen lassen;
dies ist eben so unschön, wie wenn jemand nicht

---

*) Die gar seltsame Verdrehung von Wörtern wie Depu-
tation (in Deputatschon oder Deputazeon) oder Kommission
(in Kommischon) beruht auf Unlust zum Sprechen des Jod. Zur
Einübung spreche man solche Wörter silbenweise (z. B. De-pu-
taz-jon, Kom-miss-jon).

**) Eine besondere Art von Lautbildung ergiebt in Fremd-
wörtern das Mouillieren. Einerseits erscheint öfter die ge-
schriebene Buchstabenverbindung gn mouilliert für nj (z. B. in
Compagnon, Campagne). Anderseits wird häufig für die ge-
schriebene Buchstabenverbindung ll (wofür die echt französische
Aussprache beim Mouillieren nur j fordert) deutsch-französich lj
gesprochen (z. B. in Bataille, Conseil, Fauteuil, Feuilleton). Beim
Mouillieren ist wieder die reine Aussprache des Jod die Haupt-
sache, — sowohl bei echt französischer als bei deutsch-französischer
Aussprache. (Italienisch: Cagliari sprich Call-jari, Oglio spr.
Oll-jo. — Spanisch: Sevilla spr. Ssewil-ja, Coruña spr. Corun-ja,
Miño spr. Min-jo u. a.)

Es ist selbstverständlich, dafs in diesen Blättern kein Raum
für Regeln über die Aussprache der Fremdwörter ist. Daher
genüge die Hindeutung, dafs behufs des geschmackvollen Vor-
lesens für gebildete Zuhörer der Leser bei einer Vorbereitung
auch in Bezug auf die richtige Aussprache von Fremdwörtern
sich wohl beraten haben mufs.

grüſst, preist, sondern träge nur grüſs, preis
spräche. Bei dem Laut ng' in deutschen Wörtern
darf — außer wenn dieser Laut am Wortende (lang
= lank) oder mit k zusammen steht (Bänke, wanken)
— kein G oder K besonders hörbar werden (z. B.
nicht Eng-gel, Sperling-ge, Ang-kst, sing-kt, Jüng-
kling, sondern Eng-el, Sperling-e, Ang-st, sing-t,
Jüng-ling). Derselbe Laut, ohne hörbares G oder K,
ist es auch, mit welchem die in sonorem Klange
tönenden französischen Nasenvocale zu sprechen sind,
z. B. ang' (Engagement), ong' (Bonbon), äng' (Bassin,
Terrain), öng' (Parfum).

Gewandtheit und Deutlichkeit der Aussprache.
Körperhaltung beim Lesevortrag.

Mit der Fähigkeit, jeden durch die Lesezeichen geforderten Sprachlaut korrekt zu bilden, erfüllt der Leser nur die elementarste Vorbedingung für die Kundmachung des Gelesenen. Diese Fähigkeit verbürgt noch nicht den Wohlklang seiner Rede überhaupt, noch nicht die Gewandtheit der Rede, welche den Zuhörer befriedigt, noch nicht die Deutlichkeit aller Klanggebilde, welche den Hörer in den Stand setzt, aus den Klanggebilden Gedankengebilde herauszuhören. Völlig abgesehen von der Tonbehandlung, durch welche allein das Gelesene Sinn, Zusammenhang und Bedeutung empfängt, sollen hier nur einige mehr äufserliche Forderungen an die Aussprache und die Haltung des Lesenden erörtert werden.

1. Von jedem guten Lesevortrag verlangt man, dafs er fliefsend sei. Der rechte Leseflufs beruht auf der Fertigkeit und Gewandtheit des Lesenden, jede Lautgruppe mit ungezwungener Bestimmtheit auf einmal zu voller Klangwirkung zu bringen und mühelos-frei Lautgruppe an Lautgruppe anzuschliefsen,

sofern die Zusammengehörigkeit der Lautgruppen
diesen Anschluſs bedingt.

Die Forderung des flieſsenden Lesens läſst sich
am leichtesten erfüllen, wenn der Lesende sich daran
gewöhnt, eine Lautgruppe oder eine untrennbare Folge
von Lautgruppen nicht eher auszusprechen, als bis er
— natürlich mit Gedankenschnelle — das Bild der folgenden Lautgruppe oder Gruppenfolge bereits präzise
überblickt, bezw. aufgefaſst hat. Hierzu gehört selbstverständlich ein unbedingt sicheres Festhalten der
Lesezeile mit dem Auge, welches für Ungeübte dadurch erleichtert wird, daſs unmerklich eine Partie
der Hand stätig die Lage der Lesezeile im Text
markiert. Die angemessene Entfernung des Auges
vom Text ist dabei recht wesentlich.

Sehr unzweckmäſsig verfährt der Leser, welcher
wähnt, daſs das flieſsende Lesen ein schnelles Tempo
erfordere. Das Tempo des Lesevortrags richtet
sich im allgemeinen lediglich nach der Individualität des Lesenden; selbst der gewandteste
Leser aber wird schon aus Rücksichten des guten
Geschmacks ein sehr schnelles Tempo in der Regel
nicht wählen — oder doch ein solches auf Text-
partien beschränken, die es um der Charakteristik
willen bedingen. Hiernach wird jeder Leser, besonders der ungeübtere, das Tempo seines Vortrages
seiner individuellen Lesefertigkeit anbequemen, —
einmal wegen der Atmungsverhältnisse (vgl. II, 1),
dann aber hauptsächlich um deswillen, damit er flieſsend
lesen könne. Jedes zu schnelle Tempo verführt nicht
nur leicht zu unschöner Hast beim Lesen, die dann

wohl das Verfangen der Luft, das wiederholte Stocken und Räuspern, das Umschlagen des Redetones in Krähtöne (vgl. II, 6), Wiederholungen u. dgl. mit sich bringt, sondern vor allem zur Flüchtigkeit, welche die Hauptfeindin der fliefsenden wie der deutlichen Rede ist.

2. Die Deutlichkeit der Aussprache, als die Hauptbedingung der Verständlichkeit des Gesprochenen, ist nicht etwa blofs in der reinen Bildung der einzelnen Sprachlaute zu suchen. Allerdings giebt es keine Deutlichkeit der Rede ohne die korrekte Aussprache der einzelnen Laute; jedoch hängt die deutliche Aussprache im Zusammenhang der Rede eben so sehr von dem Geschick ab, womit man die Vokalklänge unter die Herrschaft der Konsonantklänge zu stellen versteht.

In Palleskes „Kunst des Vortrags" heifst es: „Schont die Vokale, und ihr werdet schön sprechen. Ehrt die Konsonanten, und ihr werdet deutlich sprechen." Herder sagt in einer seiner Schulreden („Von der Ausbildung der Rede und Sprache in Kindern und Jünglingen"): „Wenn wir auf die Welt treten, können wir zwar schreien und weinen, aber nicht sprechen und reden; wir äufsern nur tierische Laute. Manche Völker und Menschen verfolgen diese tierischen Laute durchs ganze Leben." — „Man stelle sich in eine Entfernung, in der man den Schall (?) der Stimme und die Accente nicht vernimmt, so hört man bei einigen Menschen den Truthahn, die Gans, die Ente, bei manchen Rednern den Pfau, die Rohrdommel, und bei affektierenden Schönlingen den natürlichen Kana-

rienvogel, nur nicht eben eine menschliche Stimme."
— „Jünglinge, die diesen unangenehmen Dialekt
blofser Tierlaute an sich haben, sie mögen aus Städten
oder vom Lande her sein, müssen sich alle Mühe
geben, in der Schule eine menschliche, natürliche,
charakter- und seelenvolle Sprache zu bekommen und
von ihrer bäuerischen und schreienden Gassenmund-
art sich entwöhnen. Sie müssen das Bellen und
Belfern, das Gackeln und Krächzen, das Verschlucken
und Ineinanderschleppen der Worte und Silben ab-
danken und statt der Tier- die Menschensprache
reden." Und in der Menschensprache eben sind die
Konsonanten das Charakteristische: deshalb beherrsche
man den Vokalklang der Rede durch sorgfältige
Artikulation der Konsonanten!

Besondere Übungen, welche zur Erzielung einer
deutlichen Aussprache jeder leicht anstellen kann, sind
1) lautes Lesen in einzeln abgesetzten Silben, wobei
es darauf ankommt, jede Silbe auf einen Atemzug
mit kräftiger Ausprägung ihrer Konsonanten sicher
auszusprechen, und 2) das von Palleske mit Recht
empfohlene wiederholte Lesen im Flüstertone (vgl. II, 5).

Übrigens ist es im Interesse der Ausdauer bei
anhaltend deutlichem Lesevortrag noch besonders ge-
boten, dafs man — selbst bei starkem Sprechen —
die Vokalklänge nicht durchweg mit voller Brustresonanz bilde, sondern kräftige Vokaltöne vorwiegend
durch Resonanz der Höhlen des Kopfes zu erzielen
suche. Treffend sagt in dieser Hinsicht Palleske:
„Die Stimme mufs vorn auf den Lippen tönen." —
„Und dann erhält gerade durch dieses nur gehauchte

Sprechen die Rede einen Charakter der Geistigkeit und Zurückhaltung, welcher nicht den Verdacht aufkommen läfst, als wollte der Redner sich selbst anstatt der Sache geben und sich im Wohlklang eines sonoren Organs wiegen." — „Eine handfeste Brustresonanz findet man auf Gemüse- und Fischmärkten. Ein gedämpfter Klang zeigt Salonfeinheit an." — „Gleich fern von dem starken Auftragen des Ausrufers wie von dem verschwommenen Geflüster von Schwächlingen, — ohne merkbare Absicht, Zwecke der Deutlichkeit und des Wohlklanges zu verfolgen, — wählt die schöne Aussprache eine mittlere Tonlage, einen mäfsigen Stimmaufwand, damit die Steigerung ebenso nach der Höhe und Stärke hin, als nach dem tieferen und leiseren Ton hin Spielraum behalte. Zu viel Kraft und Tonaufwand schädigt die Deutlichkeit ebensosehr wie zu wenig Kraft."

3. In unmittelbarerem Zusammenhange mit der guten Aussprache, als mancher meint, steht die Körperhaltung des Lesenden. Auf die (in Abschn. II, 1 behandelte) Ökonomie des Atmens sei zuerst nochmals verwiesen und nur nebenbei daran erinnert, wie schicklich zugleich es den Hörern gegenüber ist, eine straffe und doch ungezwungene Haltung des Oberkörpers zu beobachten.

Weiter beachte der Lesende, dafs für sein eigenes Auge die ruhige Körperhaltung, besonders die ruhige Kopfhaltung ebenso notwendig ist, als für den Zuhörer alle üblen Wackel- oder Schlenkerbewegungen des Lesenden störend wirken.

Insbesondere zu meiden sind aber alle unwillkürlichen oder affektierten Zuckungen und Verzerrungen
des Gesichts, welche, sofern sie mit dem Bemühen
des Lesenden, den höchsten Grad der Deutlichkeit zu
erreichen, zusammenhangen, doch nur Unfertigkeit
und Ungeschick verraten. Auch hierzu sei eine
Äufserung Palleske's mitgeteilt: „Soll die Aussprache
eine schöne sein, so darf die Deutlichkeit nicht
als eine besonders gewollte, mühsam errun-
gene erscheinen." — „Die Aussprache folgt dem
ästhetischen Gesetz, dafs das Schöne frei und leicht,
wie aus sich selbst bestehend, um seiner selbst willen
lebend, den Sinnen erscheine." Wie lächerlich und
widerlich z. B. das weite Aufreifsen des Mundes, das
mafslose Ausstülpen der Lippen, die grinsende Zurückziehung der Mundwinkel, das wichtigthuende oder
kümmerlich aussehende Runzeln der Stirn oder das
schauspielerhafte Rollen der Augen u. dgl. sich aus-
nimmt, kann man besonders gut beobachten, wenn
rohe Leute singen. Jederlei Unart, die sich in der
angedeuteten Weise beim Lesevortrag wie überhaupt
beim Reden breit macht, widerspricht einfach der
Anmut der Rede, von der doch Herder sagt: „Die
Anmut der Rede ist ein schöner Empfehlungsbrief
auf den ganzen Weg unseres Lebens."

———➤◇◅———

Abschnitt V.

Die Klangwirkung der Aussprache nach logischen oder ästhetischen Absichten.

————

Die bisher geltend gemachten Anforderungen an die Aussprache des Lesenden sind von allgemeiner Bedeutung und wollen bei allem Lesen für Hörer beobachtet werden. Wenn man aber auf den Unterschied Rücksicht nimmt, der zwischen Schriftwerken von rein verstandesmäfsigem Inhalt und solchen von künstlerischem Charakter besteht, so erhält der Begriff der guten Aussprache ein doppeltes Gesicht.

1. Zum Vorlesen von Schriftsätzen mit rein verstandesmäfsigem Inhalt, z. B. von Begriffserklärungen, wie sie in wissenschaftlichen Lehrbüchern vorkommen, von Abhandlungen, von Vorträgen, die nur praktisch oder theoretisch belehren wollen, ohne rednerische Färbung zu haben, von Referaten und Beschreibungen ohne schildernden Charakter o. dgl., genügt vollkommen eine Behandlung der Aussprache nach den bereits ausgesprochenen Forderungen der Lautreinheit, des fliefsenden und im umfassenden Sinne deutlichen Lesens. Man hat sogar beim Lesen von Schriften der bezeichneten Art, welche

sich lediglich an den Verstand, an die Einsicht des
Hörers wenden, gewöhnlich alles das in der Aussprache
zu vermeiden, was an „Klangcharakteristik" oder
an „Tonmalerei" streifen könnte. Alle sprachlichen
Mitteilungen, die nicht an das Gemüt oder an die
Phantasie oder an die Willensentschliefsung des Hörers
sich wenden, sondern nur Belehrung durch rein objektive Darstellung und durch Verstandesgründe be-
zwecken, erfordern lediglich eine klare Aussprache
zur Herbeiführung des Verständnisses. Jede Anwendung von Kunstmitteln der Aussprache würde vom
Hauptzwecke solcher Mitteilungen, der logischen Folge-
richtigkeit der Gedankenentwickelung, ablenken. In
der Lehre vom Vortrag solcher Schriftsätze, die sich
nur an die Intelligenz wenden, ist näher zu begründen,
warum das Lesen solcher Schriftsätze jede Absicht-
lichkeit in der Behandlung der Sprachlaute und jeden
unnötigen Wechsel der Stimmlage oder des durch-
schnittlichen Redetons verbietet.

Die Klangwirkung eines solchen Vortrages soll
und darf keine bunte, nach Effekten haschende sein,
sondern hat sich ganz und gar dem logischen Zweck
des Lesestoffes unterzuordnen. Niemand wird deshalb
wähnen, dafs ein solcher Vortrag eintönig, farblos
werden müfste. Seinen fesselnden Charakter erhält
der Lesevortrag von Werken, die nur an den Verstand sich wenden, durch die Macht der logischen
Accente und durch die lichte Gliederung.

2. Sobald ein vorzulesendes Stück durch die Natur
seines Ideengehaltes, durch seine Komposition, durch
die Art der Ausgestaltung seiner Gedanken und seiner

sprachlichen Form sich als Kunstleistung erweist, sobald es also ästhetischen Charakter trägt, fällt auch dem Vorlesenden die Pflicht zu, seiner Aussprache eine Klangwirkung nach mehr ästhetischen Absichten zu geben. Alle gediegenen Schöpfungen der Sprachkunst, also alle wirklichen Dichtungen in gebundener oder ungebundener Rede, alle guten Schilderungen historischer oder beschreibender Art, besonders auch alle guten oratorischen Leistungen wirklicher Redner, tragen in sich mehr oder weniger Hindeutungen darauf, dafs sie bei ihrem Lautwerden nur mit einer schönen Klangwirkung auf das gebildete Ohr gehört werden wollen. Der Lesende hat denn bei dem Vortrag solcher Schöpfungen weniger danach zu streben, dafs er seine Aussprache etwa nach willkürlichen Manieren durch auffallende Klangeffekte ziere, als vielmehr mit hingebender Sorgfalt den Spuren, den Hindeutungen in einem zu lesenden Werke, welche ihm die besondere Schönheit der Aussprache abverlangen, nur recht zu folgen. Wir nennen die sinnliche Schönheit, mit welcher in Werken der Sprachkunst hin und wieder durch die besondere Wahl von Lautgruppen und Lautfolgen oder von metrischen Mitteln der Gedanken- oder Empfindungsgehalt charakteristisch dargestellt ist, Klangschönheit. Weil bei jedem Kunstwerk mit der Schönheit seiner Idee unbedingt die Schönheit seiner Form in Einklang sein will: so mufs der, welcher sich anheischig macht, sprachliche Kunstwerke an unser Ohr zu bringen, unzweifelhaft auch die besondere Klangschönheit des Vorgetragenen in seiner Aussprache hören lassen.

Um einige Proben zu nennen, bei denen das Gesagte
ohne weiteres einleuchtet, — wer fühlte nicht heraus, was Klangschönheit bedeutet, wenn er von
Uhland „Schäfers Sonntagslied", von Rückert „Aus
der Jugendzeit", von Lenau „Der Postillon", von
Goethe „Der Fischer" oder „Mahomets Gesang" gut
sprechen hört? Da hat der Vortragende gar wenig
eigenes Getöne und Gestöhne vorzubringen; seine
Aufgabe beruht, abgesehen von der richtigen Tongebung und von der zutreffenden Klangfarbe wesentlich darin, die Lautgestalt solcher Schöpfungen in
sein Ohr aufzunehmen und in der Aussprache wiederzugeben. Die ausdrucksvolle Wiedergabe der, den
Inhalt eines sprachlichen Kunstwerkes versinnlichen-
den Lautfolgen und Lautgruppierungen sowie seiner
metrischen Eigenheiten — das ist die Klangcharakteristik beim ästhetischen Lesen.*) Die Idee

---

*) Besondere, mehr bekannte Fälle, in welchen der Sprach-
künstler unverkennbar den Leser auffordert, in seinem Vortrage
die Klangcharakteristik anzuwenden, sind folgende: 1. in allen
gehaltvollen Dichtungen die Reime; 2. die metrische Bildung
der Verse, wobei vorzüglich die Cäsuren und ein etwaiger
Wechsel des Metrums, somit des Rhythmus in Betracht kommt;
3. die Assonanz, d. i. die Uebereinstimmung verschiedener Silben
im Vokalklange; 4. die Allitteration, d. i. die Gleichheit der
Anlaute für verschiedene Tonsilben, wobei vornehmlich die Kon-
sonanten-Allitteration eindringlich wirkt; 5. die Anwendung von
absichtlich gewählten edlen Wortformen in Perioden; 6. die
Onomatopöie u. dgl. — Von der Wahl der Klangfarbe
(III, 5) ist in der Leselehre zu handeln; wenn von der Charak-
terisierung der Gemütsstimmungen die Rede ist, findet auch der
Ausdruck „Tonmalerei" Anwendung.

eines sprachlichen Kunstwerkes ohne die Klangschönheit seiner Form an die Hörer bringen wollen, hiefse,
eine Seele ohne ihren schönen Leib wahrnehmbar
machen wollen.

3. Die angemessene Klangcharakteristik durch
wirkungsvolle Prägung der Vokale wie der Konsonanten und durch metrischen Wohlklang ersetzt zum
grofsen Teil beim Lesen alle körperlichen Veranschau-
lichungsmittel, zu denen wohl der Deklamator greift,
also alle Gesten. In dieser Beziehung halten wir es
durchaus mit folgenden Worten von Diesterweg*):
„So wie die Darstellung eine andere ist, welche ich
veranlasse, wenn ich entweder selbst handle und spreche,
oder wenn ich erzähle, dafs und wie andere gehandelt
und gesprochen haben; ebenso darf und soll der
Lesende nicht so darstellen, als geschähe die darge-
stellte Handlung vor unsern Augen." — „Der Deklamator will die Abwesenheit des Verfassers des vor-
zutragenden Stückes ersetzen. Er will so darstellen,
wie der Verfasser selbst, wenn er anwesend wäre,
mündlich darstellen würde. Er spricht und redet
daher gerade so, als werde die Rede zum erstenmale
uns lebendig vorgeführt. Wir bemerken kein Mittel
(kein Buch und dgl.), dessen er sich bedient, um den
Inhalt darzustellen, sondern er trägt frei vor, als wäre
es seine eigene Erfindung. Darum bedient er sich
auch aller Mittel, welche den ursprünglichen mündlichen Vortrag begleiten: der Gefühls- und der Ge-

---

*) Vergl. F. A. W. Diesterweg, Beiträge zur Begründung
der höheren Leselehre. Crefeld (Funcke) 1830. S. 215 ff.

bärdensprache, der Bewegungen mit Arm und Fuſs und mit dem ganzen Körper. Der Deklamator stellt mimisch (wie der Schauspieler) dar, und wenn sein Vortrag vollkommen ist, so vergessen wir es ganz, daſs der erste Verfasser des Vortrages nicht zu uns spricht. Seine Darstellung kommt der im Leben ganz gleich und übertrifft sie in der Regel durch Abgemessenheit, Regelrichtigkeit und Wirkung. Er stellt das Leben künstlerisch dar;. sein Wirken ist theatralisch. Also nicht der Lesende." — „Der Lesende entäuſsert sich seiner Individualität nicht; solches aber ist die Aufgabe des wahren Deklamators, der das Bestreben hat, eine rein objektive Darstellung zu liefern." — „Der Lesende stellt sich nur als Mittel dar, durch welches ein anderer spricht, ohne daſs dieses Mittel übersehen werden soll. Deswegen enthält er sich auch aller Mienen-, Gebärden- und Körpersprache; er bedient sich nur der Stimme und ahmt nur annäherungsweise den Ton, welchen der Verfasser des Stückes in mündlicher Darstellung gebraucht haben würde, nach." — „Der Lesende deutet den Inhalt, die dargestellten Empfindungen und Gefühle mehr an und verzichtet auf alle Bewegungen auſser den mit den Sprachwerkzeugen."

4. In Dichtungen, die metrisch verfaſst sind, unterstützt vielfach der Versrhythmus die malende Klangwirkung. Man denke z. B. an die Schiller-schen Strophen im „Taucher": „Und es wallet und siedet und brauset und zischt, u. s. w." — oder: „Und stille wird's über dem Wasserschlund, u. s. w." — oder: „Und sieh! aus dem finster flutenden Schoſs, u. s. w."

— oder: „Denn unter mir lag's noch bergetief u. s. w."
Wie aber schon oben bemerkt wurde, es verlangt
auch jedes sprachliche Kunstwerk in ungebundener
Rede seine Klangcharakteristik. Dies findet man be-
währt, sowie man mit Hingebung Krummacher'sche
Parabeln oder eine ausgearbeitete Rede, z. B. eine
Schulrede von Herder, oder eine Partie aus Schillers
„Geschichte des dreifsigjährigen Krieges" u. dgl. vorzulesen bemüht ist. Nur ist bei Dichtungen in gebundener Rede gewöhnlich der Klangcharakteristik
ein weiterer Spielraum gewährt, als bei Kunstwerken
in prosaischer Form. Eine Art der Klangwirkung
beschränkt sich aber überhaupt auf den Vortrag von
metrisch gebundenen Dichtungen, das ist die, welche
es hervorbringt, wenn gewisse, dazu auffordernde
Stellen staccato oder ligato gelesen werden.

Man liest eine Stelle einer Dichtung staccato,
indem man — unbeschadet der sinngemäfsen Betonung
und besonders auch ohne etwaiges verkehrtes Hervor-
drängen tonloser Silben — zwischen je zwei Silben
eine kurze Schallpause eintreten läfst. Hierdurch werden
natürlich auch die Silben desselben Wortes bei der
Aussprache einen Augenblick auseinander gerückt.
Stellen, welche in der angegebenen Weise mit charakteristischer Klangwirkung gelesen werden können,
sind z. B. in Schillers „Gang nach dem Eisen-
hammer" die Verse:

„Die - Wer-ke - klap-pern - Nacht - und - Tag,
Im - Tak-te - pocht - der - Häm - mer - Schlag", —

ferner in Körners „Gebet während der Schlacht"
der Vers:

„Sprü-hend - um-zuk-ken - mich - ras-seln-de - Blit-ze". —

desgleichen in Uhlands kleinem Liede „Der gute Kamerad" diese Verse:

> „Die - Trom-mel - schlug - zum - Strei-te,
> Er - ging - an - mei-ner - Sei-te
> In - glei-chem - Schritt - und - Tritt". —

oder in der Uhlandschen Ballade „Die Rache" folgende Verse:

> „Und - als - er - spren-gen - will - ü-ber - die - Brück',
> Da - stut-zet - das - Rofs - und - bäumt - sich - zu-rück".

Die soeben angedeutete Klangwirkung ist derjenigen gerade entgegengesetzt, welche die Aussprache mit verstärktem Austönen der Vokale in den schweren Silben eines Verses hervorbringt, wie sie z. B. in folgender Stelle aus Schillers „Lied von der Glocke" zweckentsprechend erscheint:

> „Vŏn dem Dōme,
> Schwĕr und băng,
> Tönt die Glŏcke
> Grăbgesăng."

Um eine Stelle einer Dichtung ligato zu sprechen, „wodurch gewissermafsen das magische Wachsen einer Erscheinung gemalt" wird, mufs man „die Worte mit leisem Druck auf die Konsonanten dicht an einander drängen", wie Palleske dies ausdrückt. Die sinngemäfse Betonung wird hierbei natürlich wieder in keiner Weise aufgehoben. Stellen, die man ligato

zu lesen haben dürfte, sind z. B. die letzten sechs
Zeilen von Goethes Gedicht „Meeresstille":

> „Tiefe Stille herrscht im Wasser",
> Ohne Regung ruht das Meer,
> Und bekümmert sieht der Schiffer
> Glatte Fläche rings umher.
> Keine Luft von keiner Seite!
> Todesstille fürchterlich!
> In der ungeheuren Weite
> Reget keine Welle sich". —

oder in Körners „Gebet während der Schlacht"
der Vers:

> „Brüllend umwölkt mich der Dampf der Geschütze," —

oder in Uhlands Ballade „Die Rache" folgende Verse:

> „Mit Arm, mit Fufs er rudert und ringt:
> Der schwere Panzer ihn nieder zwingt."

5. Wie nur der geübte, der geistig reife Leser
auch schwierigere Schriftsätze mit durchweg richtiger
Betonung und mit charakteristischer Wahl der Klangfarbe sogleich vom Blatte vorzulesen vermag: so werden
immer nur wenige im Stande sein, beim ersten Lesen
vom Blatte für schwerere Stücke sogleich die ange-
messenste Klangwirkung der Aussprache zu erzielen.
Vielmehr erfordert gerade der Lesevortrag mit treffen-
der Klangwirkung die allersorgfältigste Vorbereitung
und das hingebendste Eindringen in die Eigentüm-

lichkeiten der Klanggestalt jedes Werkes. Die Haupt-
mahnung übrigens, die jedem gilt, der es unternimmt,
beim Lesen von Stücken mit künstlerischem Charakter
aus ästhetischen Absichten besondere Klangwirkungen
anzustreben, bleibt die: „Wahrheit, Wahrheit bilde
unseren Ausdruck auch im Tone der Stimme!" Kein
Vortragsmittel darf den Eindruck des Unnatürlichen,
der hohlen Effekthascherei machen. Hören wir nochmals Herder: „Die Rede ist Ausdruck der Seele,
ein darstellendes Bild aller unserer Gedanken und
Empfindungen; sie muß also Charakter haben und
nicht den Tönen gleich sein, die man hinter dem
Stege hervorgeigt. Wie unser Körper nicht bloß
Nerven und feine Fibern oder zierliche Blut- und .
Saftgefäße, sondern auch Muskeln, Sehnen, Haut,
Knochen hat und solche in gehöriger Stärke haben
muß, wenn er gesund sein soll; so ist's nicht die
weiche, zierliche, entnervte, buhlerische Sprache, die
einen Mann und Jüngling empfiehlt." — „Es giebt
einen Ton des Herzens, der unmittelbar zum Herzen
dringt, einen Ton der Überzeugung und der gesunden Vernunft, der die ganze Seele ergreift und
als Sieger einnimmt; dahingegen der falsche Ton,
wenn man Gesinnung und Affekte ausdrücken will,
die man weder hat noch kennt, dem Gemüt anderer
Menschen viel widriger und unausstehlicher ist als
ein falscher Ton im Gesange, wenn er auch noch so
arg heulte." Im zweiten Teile seines Faust (Akt 3)
läßt Goethe gerade in Bezug auf die schönheitsvolle,
gewinnende Klangwirkung der Sprache die Helena
fragen:

„So sage denn, wie sprech' ich auch so schön?"
Und diese Frage, welche doch eigentlich jedem
Leser unwillkürlich auf den Lippen liegt, muſs Faust
auf die allein zutreffende Weise also beantworten:
„Das ist gar leicht, es muſs vom Herzen gehn."

Tafel
zur Übersicht über die Sprachlaute.

A. Stimmlaute,

erzeugt durch Schwingungen der vom Luftstrom angeblasenen Stimmbänder und durch die Gestaltung der Mundhöhle.

u   a   i

o   e

ū   ö   ä

au   eu   ei

B. Konsonanten,*)

erzeugt durch den Luftstrom ohne Spannung der Stimmbänder.

Artikulationsstelle.

	Lippen	Zähne	Harter Gaumen	Welcher Gaumen	Zunge	Luft-röhre
1. Verschlußlaute (Explosivlaute), erzeugt, indem der Luftstrom an der Artikulationsstelle einen Verschluß öffnet.	p b	t' d	k g			
2. Reibungslaute, erzeugt, indem der Luftstrom an d. Artikulationsstelle durch Reibung eine Hemmung erfährt.	f w	ſs s sch [frnz. g]	ch j [anlautend g]	ch	l	h
3. Zitterlaut (Vibrans).			r			

C. Resonanten,

erzeugt mittels Durchgangs des Luftstromes durch die Nasenhöhle.

m   n   ng'

---

*) Zusammengesetzte Konsonanten sind z (= ts), x (= ks), und qu (= kw). [Vgl. ti = zj.]